Frank Wedekind
Der Stein der Weisen
oder
Laute, Armbrust und Peitsche
Eine Geisterbeschwörung

D1725899

Wedekind, Frank: Der Stein der Weisen oder Laute, Armbrust und Peitsche. Eine Geisterbeschwörung
Hamburg, SEVERUS Verlag 2013

ISBN: 978-3-86347-588-8

Druck: SEVERUS Verlag, Hamburg, 2013

Der Text wurde aus Fraktur übertragen. Die Orthographie wurde behutsam modernisiert, grammatikalische Eigenheiten bleiben gewahrt. Die Interpunktion folgt der Druckvorlage.

Der SEVERUS Verlag ist ein Imprint der Diplomica Verlag GmbH.

Bibliografische Information der Deutschen Nationalbibliothek:
Die Deutsche Nationalbibliothek verzeichnet diese Publikation in der Deutschen Nationalbibliografie; detaillierte bibliografische Daten sind im Internet über http://dnb.d-nb.de abrufbar.

Frank Wedekind
Der Stein der Weisen

oder
Laute, Armbrust und Peitsche
Eine Geisterbeschwörung

*Meinem Lehrer Friedrich Basil in
Verehrung und Dankbarkeit gewidmet*

Personen

Pater Porphyrion, ein Dominikanermönch.
Basilius Valentinus, ein Nekromant.
Leonhard, sein Famulus.
Kunz von Blutenburg, ein fahrender Schüler.
Lamia, eine Geistererscheinung.
Guendolin, ein Narr.

Szenerie

Ein Turmgemach. Durch die offenen Fenster sieht man den sonnigen
blauen Himmel. In der (vom Zuschauer aus) linken Ecke hinten befindet sich
die Eingangstür. In der Mitte des Gemaches steht ein vierkantiger Tisch, von
drei hochlehnigen Sesseln umgeben. Rechts davon eine Ottomane. Vor der Ottomane ruht auf einem Fußgestell ein großer Himmelsglobus. Auf dem Tisch steht ein Quadrant. An der Wand hängen eine Armbrust, eine Peitsche und eine
Laut. Im Hintergrund ein Juwelenschrein.

Erster Auftritt

Basilius Valentinus sitzt, in einen Folianten vertieft, am Tisch.

Leonhard kauert auf der Ottomane und ist damit beschäftigt, auf dem Himmelsglobus mit einer Reisbürste die Sterne blank zu putzen.

Leonhard:

„Ochsen, schanzen, pauken, büffeln,
so am Tag wie bei der Nacht!
Mit den Tafeln, mit den Griffeln
wird das Dasein totgemacht!
Aus den Pergamenten schnüffeln
tausendjährige Niedertracht!
O verfluchter Weltenhimmel!
O Verdammtes Sterngewimmel!
Welch ein Lohn wird mir dafür
daß ich all die Jugendjahre
nichts als Schabernack erfahre,
deine fahlen Lichter dir
immer wieder leuchtend fege!
Wenn ich nachts zur Ruh mich lege,
nahn sich weibliche Gestalten.
Ach wie wünscht' ich sie zu halten,
sie zu küssen! – Wisch' dein Maul!
Tröste dich am eigenen Leibe!
Pfui! Bei solchem Zeitvertreibe
wird die Seele dumpf und faul!"

Basil:
Geh doch, wohin du willst!"

Leonhard:
„Hinaus?! Mit tausend Freuden,
hieltst du mich nicht, du Ausbund aller Heiden!
Im Lenz sucht' ich zum letztenmal zu flieh'n.
Kaum war ich vor dem obersten Tor,
pfauchten schon Flammen vor mir empor,
blau und grün.
Ich prüfte nicht lange, wie heiß sie sind,
stürzte mich in die lodernden Flammen
und sank auf den Steinen zusammen.
Ich war blind.
Als ich zum erstenmal von hier entfloh,
schlangen die Büsche
die langen Ranken
vor meinem Gesicht ineinander.
Wie oft ging's später dem Knaben so!
Salamander,
mit giftigem Gezische
lähmten meine Gedanken.
So sterb ich als dein Sklave langsam hin,
wenn ich dir nicht noch etwas Schlimmres bin!"

Basil:
„Was meinst du, sprich?"

Leonhard:
„Warum kleidest du mich
in solch ein schwarzes Gewand

4

mit weißen Zacken
an Knien und Händen?!
Ich hab' dich längst erkannt:
Liebesnot sitzt dir im Nacken,
weiß nicht, an wen sich wenden,
und martert dich fürchterlich!
Drum schmückst du mich wie einen gezähmten Affen.
So haben die Augen doch wenigstens was zu begaffen!"

Basil:
„Ich bin ein Bettler."

Leonhard:
„Du hast die Mandragora!
Ich weiß es, ob ich sie gleich niemals sah.
Wenn ich an diesen einz'gen Schatz nur denke,
mir schwindelt schon! Wer gibt nicht Hab und Gut,
nicht allen Reichtum hin für Liebestrünke,
für Jugendkraft in mattem Greisenblut!
Und dann der Stein der Weisen, und
des großen Salomons gewaltiges Siegel!-
Und dabei lebt man wie ein Hund,
von frühster Kindheit auf nur Prügel,
sobald ein Vers, ein Bannfluch, den du fandst,
nicht fehlerfrei mir von der Zunge tanzt!
Im Keller unten liegt das Gold in Haufen,
um ganz Europa damit anzukaufen.
Was Wunder, da sich Schmutz und Kot
auf dein Geheiß in Gold verwandelt!
Und du lebst wie in Hungersnot,
hast keine Freunde, keinen Schatz.

Ich wahrlich hätt' an deinem Platz
längs mit der schönsten Fürstin angebandelt.
Du hast dir keine Kuhmagd noch erhandelt,
seit mein Gedächtnis wach, seit ungestillter Drang
mir Jugendlust und Lebensglück verschlang!"

Basil:
„Schweig doch!"

Leonhard:
„Teufel, ich kann das nicht länger ertragen!
Wetter und Hagel, jetzt bin ich es satt!
Weisheit, wie liegst du mir quälend im Magen!
Krumme Retorten, euch werd' ich zerschlagen!
Himmelsgewölbe, dich tret' ich noch platt!
Man lernt und lernt, und kein Genuß davon,
kein Fest, kein Lachen und kein Liebeslohn!
Der Strolch in Lumpen ohne Stock und Ranzen,
des Nachts kann er doch unterm Galgen tanzen!
Der Knecht hat seinen Feiertag,
und seine Kirchweih hat der Bauer.
Doch was war meiner Weisheit Giücksertrag?
Ich kenne nichts als ihre grausen Schauer!"
(*Man hört Klopfen vom Tor herauf*)
"O du mit deinem Schädel, außen Stein
und innen schubfachmäßig ausgetäfelt,
Dein Herz zuerst geteert und dann geschwefelt –
vielleicht tränk' ich es dir noch einmal ein,
was du an meiner Jugend hast gefrevelt!"

Basil:
„Es klopft! Wer ist's?"

Leonhard (*schaut durchs Fenster hinunter*):
„Der Teufel, so Gott will! –
Vorm unteren Tore hält ein Reiter still.
Es ist ein Pater. Jetzt hebt er den Blick.
Jetzt streift er die Kapuze ins Genick.
Derselbe Pater, schau, der mit Beschwörung
für Obdach sich bedankte und festliche Zehrung!"

Basil:
„Befiehl dem Tor, sich vor ihm aufzutun!"

Leonhard (*ruft*):
„Bleibet, ihr Balken,
wachsam wie Falken!
Schützet, ihr Ketten,
friedliche Stätten!
Hat euch, ihr Kloben,
je einer ausgehoben?
Und ihr, getreue Riegel,
öffnet die schweren Flügel!"

Basil:
„Du bist ein Weltkind!"

Leonhard:
„Gott sei Dank!
wie lechz' ich nach des Lebens Göttertrank!"

Basil:

„In deinem Kopf entstand ein anderes Bild vom Dasein,
als ich es in meinem finde.
Ich stieß auf nichts als Schlünde, als Abgründe.
Keinerlei Sehnsucht ward je gestillt.
Frag' mich, wie Liebe zu erzwingen ist?
Nur durch List!
Bei wem sich Ruhm, bei wem sich Reichtum häuft?
Einzig bei dem, der nie nach ihnen greift,
der immer lieber sich der Last entwindet,
sein Glück wo anders sucht, vielleicht auch findet.
Denn in der Mitte zwischen Langeweile
und Übermüdung liegt der Menschen Glück.
Für den Gelangweilten ist jede Arbeit
Genuß, wie denn auch für den Müden jeder
Genuß zur Arbeit wird."
(*Da an die Tür geklopft wird*):
„Tritt ein, mein Freund!"

Zweiter Auftritt

Pater Porphyrion, ein Dominikanermönch, tritt ein.

Porphyrion:
„Gelobt sei Jesus Christus!"

Basil (*geht ihm entgegen und umarmt ihn*):
„Liebster Bruder!" Komm an mein Herz!"

Porphyrion:
„Gelobt sei Jesus Christus!"

Basil:
„Komm an mein Herz! Wir schieden neulich nicht
ganz freundschaftlich und doch erklimmst du wieder
den steilen Felspfad. – Dafür dank' ich dir! –
Flugs, Leonhard, zum Keller und kredenze
uns einen kühlen Trunk Liebfrauenmilch!
Wir wollen festlich sein! – Komm, setz dich, Bruder!"
(*Leonhard ab*)

Porphyrion:
„Er ist dein Lehrling?"

Basil:
„Ja, was wäre er sonst?"

Porphyrion:
„Dein Zauberwerk! Dein Kobold!"

Basil:
„Liebster Bruder,
der Bub' ist Fleisch und Blut wie du und ich.
Setz' dich! – Worüber wir uns kürzlich stritten,
bleibt unberührt. – Schon auf der Schulbank war's
uns Zweien um tolle Streiche nur zu tun!
Wie manch stockfinstere Kemenate ward
erklettert, ohne daß die Augen je erfuhren,
welche Maid uns drin beglückte!
Denkst du wohl noch daran, wie du nach mir...."

Porphyrion (*sich bekreuzigend*)**:**
„Gelobt sei Jesus Christus! Ich beginne
mit dem, was ich dich jüngst beim Abschied frug:
Du lebst heut' völlig von der Welt geschieden.
Kein Mensch in dieser Gegend sah dich noch
im Gotteshaus. Der Schein ist dir nicht hold!"

Basil:
„Ich freu' mich meines Sieges. Lang genug
kroch ich vor Götzen, bis ich sie zerschlug!"

Porphyrion:
„Gesteh', du hast ein Bündnis mit dem Teufel!"

(*Basil lacht. – Leonhard tritt mit Krug und Gläsern ein
und füllt deren drei*)

Leonhard:
„Liebfrauenmilch! Der Duft! Und wie das perlt!

10

Wenn nur die Frau den Trunk euch kräftig segnet!"

Porphyrion:
„Hast du ein Bündnis mit dem Teufel? Sprich!"

Basil (*zu Leonhard):*
„Der Pater hält dich für mein Zauberwerk!"

Leonhard:
„Bin ich das etwa nicht?
Hier, unter den Rippen,
hier, in des Hirnes Dunkelheit
deiner Dämonen grimmiger Streit!
In meinem Gesicht
spiegelt sich nur dein Gebot,
und mein Tod
tänzelt auf deinen Lippen!"
(*Er schleudert sein Glas zur Erde*)
„Der Henker hol' mich mit dem Schinder! Nein!
Endlich will ich einmal ich selber sein!
Heut' gilt es, den Zauber zu lösen,
den Bann zu zersprengen,
zwischen dem Tod und dem Bösen
hinaus mich zu zwängen!"
(*Zu Basil*):
„Wenn nirgends ich im Schloß zu finden bin,
dich fürcht' ich nicht mehr! Nimm's als Abschied hin!"
(*Ab*)

Basil:
„Er kommt nicht bis zur nächsten Wiesenhalde!"

Porphyrion:
„Weil du im Bündnis mit dem Teufel stehst!"

Basil (*anstoßend*):
„Prost, alter Freund!"

Porphyrion:
„Gelobt sei Jesus Christus!" (*Er trinkt*)
„Der heilige Vater gab durch seine Bulle
mir Vollmacht, Jeden, der verdächtig scheint,
auch nur entfernt mit- Satanas zu scherzen,
dem Flammentod zu überliefen."
(*Anstoßend*):
„Prost!"

Basil:
„Prost!" (*Er trinkt*) „Ich bin mächtiger als dein heiliger
Vater.
In meinen Kellern liegt das Gold so hoch,
Saumpferde fehlen uns, um deinen Anteil
zu dir hinabzuschaffen!"

Porphyrion:
„Teurer, Liebster!
um dich zu schmoren, ritt ich nicht heraus.
Wir waren Brüder. Über deinem Scheitel
schwebt Feuertod! Nur du allein siehst nicht,
daß ihn die Christenheit dir längst bereit hält.

Geh' in Vieh, Bruderherz! Trag' deine Schätze
der Kirche an! Das heil'ge Abendmahl
nimmst du zu deinem Schutz. Dann führ' ich dich
als Büßer? Rein, als größten Geisteshelden,
als Triumphator in die ewige Stadt!"

Basil:

„Das ist der Weisheit erhabenstes Zeichen,
daß sie die Angst vor den Flammen nicht kennt,
daß sie, wenn Krieger und Fürsten erbleichen,
stracks den Verderb des Gefürchteten nennt!
Was wir der Weisheit an Künsten verdanken,
ist nur das Werk einer hurtigen Magd.
Ihre Gewaltherrschaft ragt ohne Schranken,
nicht vom Geschick, nicht von Gott überragt!
Kühn in der Weisheit goldfunkelnder Rüstung
stürzt sich ins Kampfgewühl die Phantasie,
und ihrer Sturmgewalt und Überlistung
trotzten die ältesten Trugmächte nie.
Was im geheimsten kein Christ und kein Heide
sich seit Äonen zu denken getraut,
ich zeig's lebendig, der Menschheit zur Freude!
Meine Geschöpfe verkünden es laut.
Nie hab ich, eitles Genießen zu mehren,
meine Gewalt zu entwürdigen gewagt.
Nimmer, ich schwör' es, will frech ich entehren
Weisheit, dich Gottheit, zur fröhnenden Magd.
Wohl bin ich Zauberer! Ich habe die Weihen,
fühle mich eins mit dem himmlischen Licht.
Aber die Menschen? – Sie soll'n mich bespeien!

Mich zu verbrennen gelingt ihnen nicht."

Porphyrion (*anstoßend*)**:**
„Prost, saftiger Teufelsbraten. – In der Nase"
   (*er trinkt*)
„Gelobt sei Jesus Christus! – spür' ich schon
lieblichen Duft von deinen Lendenstücken.
Dein Freund spricht heut' zum letztenmal mit dir.
Was bleibt mir denn? Schaff ich dich nicht zur Stelle,
dann tut's mein Gegner, tut's nicht als dein Freund
und uns ist beiden das Geschäft verdorben.
Sag' doch, auf wessen Beistand baust du denn,
wenn sie zuerst dich schinden und dann braten?"

Basil:
„Aus alter Liebe will ich's dir verraten."
(*Er holt die Armbrust von der Wand*)
„Sieh dieses Mordinstrument!
Wer das nicht kennt,
nimmt es für eine beliebige Büchse."

Porphyrion (*neugierig*)**:**
„Du schossest mit ihr nach dem Kruzifixe?!"

Basil:
„Hier, über dieses schmächtige Eisen
führte ich zwölfmal den Stein der Weisen,
der als ein Wunder
alle Gebrechen heilt,
Alles Erschaffne in Plunder
und Gold zerteilt.

Nun schieß' damit, wenn auch kein Bolzen drin!
Du triffst! Er stürzt! Der Erdenwurm ist hin!"
(*Er richtet die Armbrust gegen den Pater*)
„Erprob' es, ob ich mit der leeren Waffe
nicht dein Gelichter aus dem Weg mir schaffe!"

Porphyrion:
„Gelobt sei Jesus Christus! An die Wand!.
Häng's an die Wand! Häng deine Zauberfidel
dort an die Wand! Ich tanze herzlich schlecht."

Basil (hängt die Armbrust an die Wand)**:**
„Hegst du noch Zweifel, ob mein Zauber echt? –
Und wenn ich nun, dem Erdball zu gebieten,
dies Todeswerkzeug tausendfach vermehre?
Glaubst du, daß dann ein Papst, ein Kaiser wäre,
der nicht, um wie sein Auge mich zu hüten,
zum Freund mich wählte? – Weltmacht ruht geborgen
in mir! Drum, Bruder, spar' dir deine Sorgen!"

Porphyrion:
„O Hoffart! O Verblendung! Teufelstrug!
Was du für Weisheit nimmst, das ist Verführung
zum Bösen. Deine Sünden brüsten sich!
Dein Herz ward Stein! Mit deiner Weisheit schaffst
den Garten Gottes du zur Wüste um!
Der Sohn erschlägt den Vater, stößt das Weib
zum Pfuhl hinab, das er zur Mutter machte.
Der eignen Kinder Antlitz kennt er nicht!
O Teufelsweisheit! Über Gräber tanzen
in bunter Hochzeitstracht Gewalt und List!

Da gilt es Ketten schmieden, Gifte brauen.
in Hinterhalten lauern, Fallen stellen.
Fußangeln legen, Knaben zu entmannen,
Kinder zu schänden, Weiber aufzuschlitzen! –
Und welche Früchte zeitigt deine Weisheit?
Was trägt sie dem, der sich ihr hingab, ein?
Die sieben Haupt- und Tod- und Wurzelsünden!
Er platzt vor Hochmut! Seine Habgier reißt
zur eigenen Labung dem Verschmachtenden
den Heiltrunk von den Lippen! Das ist deiner
Weisheit Triumph. Gold und Kleinodien häufen
sich nicht zum guten Werk. Nein, daß die Hände drin
wühlen! Und der wüsten Wollust dient, - der
unstillbaren, deine Satansweisheit
als treuste Magd. Der Wollust dient sie und
der Völlerei! – Und blieb' noch wenigstens
das Unheil, das aus deiner Weisheit aufsteigt,
nur dir beschieden! Was verschlägt es, wenn
nach reichster Mahlzeit du zur Hölle fährst!
Doch deine Schüler und Bewunderer, deine
Anbeter, die so schuldig nicht wie du,
und die zu Hunderten du mit hinunter
zum Abgrund reißt! Oh, Gott erbarm' sich ihrer!
Gott schätze jeden, der noch jung an Jahren
dir in den Weg tritt! – Deshalb ward's besiegelt:
Wenn du nicht Buße tust, wirst du verbrannt!"

    Basil (*krümmt sich vor Lachen*):
„In deinem Hirn, welch entsetzliche Gärung!
Ja deinem Herzen, welch ein Vesuo!
Aber nun hör auch auf meine Belehrung

über die Schwächen in deinem Beruf.
Was du gedonnert jetzt hast und gestammelt,
was den Verstand dir, den teuren, getrübt,
hat sich in deiner Zisterne gesammelt,
weil dich seit Jahren kein Mädchen geliebt! -
Denn deine Keuschheit gebiert der Phantom
grausige, riesengestaltige Brut,
die in der Liebe lebendigem Strome
schmölze von hinnen bei jeglicher Flut."
(*Man hört Pochen vom Tore herauf*)

Basil (ruft):
„He Leonhard! – Schau, wer am Tore klopft! --
Wo bleibst du, Leonhard?!" –
(*Er öffnet die Türe und ruft*):
„He Leonhard!–
Mir scheint, der Bub' ist in der Tat verschwunden."
(*Er blickt durchs offene Fenster hinunter*)
„Sieh da! Besuch, wie man ihn gern empfängt!"
(*Er ruft*):
„Bleibet, ihr Balken.
wachsam wie Falken!
Schützet. ihr Ketten,
friedliche Stätten!
Hat euch, ihr Kloben,
je Einer ausgehoben?
Und ihr, getreue Riegel,
öffnet die schweren Flügel!
Ein junger Ritter ist es hoffentlich bringt er uns auf ein
lustigeres Thema!"

Porphyrion (zieht ein Pergament aus dem Ärmel)**:**
„Die Ketzerbulle die der heilige Vater
aus Rom an uns Inquisitoren sendet,
les' ich dir mittlerweile rasch noch vor."
(*Er liest*)**:**
„Summis desiderantes afectibus,
was innigste Liebe erhoffen muß,
ist, daß Ihr in Bremen, in Salzburg, in Trier,
die ständigen Kerker, so Mensch und Tier,
mit großem Unheil und sonstigem Schaden
durch Zauberei und Verwünschung beladen,
daß Ihr solch ruchlose Kerker faßt
und rasch durchs Feuer vertilgen laßt.
Desgleichen, wer mit dem bösen Feind
in fleischlichem Bunde sich hat vereint,
wer seinen höllischen Samen empfangen,
oder befriedigt der Teuflin verlangen,
daß Ihr solch Elenden, wenn er bekennt
und auch wenn er leugnet, zu Asche verbrennt...."

Dritter Auftritt

Kunz von Blutenburg, ein fahrender Schüler, tritt ein.

Kunz:

„Das nenn' ich Glück, daß ich beim Wein euch finde!"
(*zu Basil*):
"Mein großer Meister, weit aus Schwabenland,
dir meinen Gruß zu bieten, ritt ich her."

Basil:

„Dann setz' dich, Freund, und trink' ein Glas mit uns."

Kunz (*setzt sich*):

„Ich mochte gerne Zauberei studieren,
die schwarze Kunst, Magie und Alchemie,
denn damit, was die Andern spintisieren,
freut man sich doch so ganz des Daseins nie.
Aus deinen Schriften kenn' ich jede Zeile,
von deinen Künsten ist der Kopf mir voll.
Teil' sie mir mit, weil ich vor Langeweile
oft gar nicht weiß. wie ich mir helfen soll."

Basil:

„Hilf dir mit Karten, Knöcheln, Saufkumpanen!
Auch Huren sind kein übler Zeitvertreib!"

Kunz:

„Das nützt mir nichts bei meinem Zukunftsplanen!
Ich möchte gerne auf Gottes Erden
einer der berühmtesten Menschen werden.

Wenn ich meine Seele dem Teufel verschreib',
dann fordere ich erstens Gold dafür in Fülle.
Ich fordere zweitens, daß mein Wille
allmächtig ist. Ich fordere die ganze Welt
nebst dem, was sonst sich wo verborgen hält."

Porphyrion:
„Du bist ein saub'res Früchtchen!" (*Anstoßend*)**:**
„Trink mit mir!"
(*Mit Basil anstoßend*)**:**
    „Prost, saft'ger Teufelsbraten! Mit euch Beiden
beglückt es mich, dies Bacchanal zu feiern!"
(*Zu Kunz*)**:**
    „Birgt deine Brust des stolzen Sinns noch mehr?"

Kunz (*mit ihm anstoßend*)**:**
„Dich sucht' ich nicht. Sei mir deshalb nicht gram.
Wer weiß, vielleicht hab' ich dich einmal nötig!"

Porphyrion:
„Zu jedem Dienste bin ich dir erbötig!"

Kunz (*zu* Basil)**:**
„Jedoch, weshalb ich hergeritten kam:
Erstens ist es der Stein der Weisen.
Der läßt. Sich gar nicht hoch genug preisen. ·
Zweitens ist's die Mandragora,
die ich vor Zeiten schon einmal sah.
Damals ob meinem törichten Bangen
ist mir der Schatz durch die Finger gegangen.

Drittens kommt noch für mich in Betracht
Pinhas, der Schlüssel der Kaaba,
dem schon die Königin von Saba
dankte so manche beglückende Nacht.
Und zum vierten des Weltalls Spiegel,
König Salomons mächtiges Siegel.
Weiß ich gleich nicht, wozu das nütze,
schadet's doch nichts, wenn ich es besitze."

Basil (*anstoßend*):
„Prost, junger Springinsfeld! – Zu welchem Zweck
willst du mir denn den Stein der Weisen rauben?"

Kunz:
„Tut es dir leid um den Klumpen Dreck?
Den Stein brauch' ich, weil Andre an ihn glauben!"
(*Er sieht auf*)
„Erhebt euch, wack're Freunde! Diese Blume
des edlen Labsals meinem künst'gen Ruhme!"
(*Drückt ihnen die Hände*)
„Ich dank' euch, Brüder! Ihr könnt stolz darauf sein, mit
Haut und Haar euch meinem Glück zu weih'n!"
(*Er setzt sich zu Basil geheimnisvoll*):
„Der Herzog von Schwaben sucht einen
Schatzmeister, sattelfest in der Goldmacherkunst.
Durch die Beherrschung der höllischen Geister
dräng' ich mich heimlich in des Herzogs Gunst.
Bin ich dann erst .Schatzmeister, bei dem Narren
im Schwabenland, dann werd' ich sicherlich
das Gold zu Bergen auch zusammenscharren,

für ihn natürlich nicht, nein, nur für mich!"

Basil:
„Welch Mittel hast du denn dazu erkoren!"

Kunz:
„Ich ziehe den Bauern das Fell über die
Ohren!"
(*Sich erhebend und anstoßend*):
    „Auf euer Wohl! – Die Welt ist nicht gemacht, daß
jedes Rindvieh sich darin vergnüge!
Ich bin kein Rindvieh! Deshalb geb' ich acht,
daß ich vom Besten stets das Beste kriege!"

Porphyrion:
„Ein Ritterwort! O üppige, jugendliche Reife!
Verzeih? nur, daß ich eins noch nicht begreife:
Liegt es zu Bergen aufgestapelt nun,
was denkst du mit dem Golde dann zu tun?"

Kunz:
„Das kannst du mich noch fragen? – Orgien feiern
mit Niren, Elfen, Drachen, Ungeheuern!
Durch Liebe jede Stunde mir versüßen!
Ich hab' ein heißes Blut und will's genießen!
Laßt uns vergnügt sein! Meine Seele glüht.
Hängt dort nicht solch ein alter Wimmerkasten?"
(*Er nimmt die Laute von der Wand*)
    „Weiß Einer den mit Anmut zu betasten,
dann sing' ich euch ein wunderschönes Lied."

Basil (*die Laute nehmend*):
„Ich will's versuchen, Wirf dich in die Brust,
Ein schönes Lied ist mir die höchste Lust."

Kunz:
„Von vorn gesehn bist du die schönste Maid,
die je mein Herz aus Liebesnot befreit.
Doch wenn du halb nur dich zur Seite kehrst,
dann dünkt mich schon, daß du eine Elfe warst.
Drum bleib' ich wie dem Glücksrad stets dir nah,
du – Venus – Duplex – Amathusia!"

Porphyrion :
„O Chorazin! O Sodom! O Gomorrha!
Dies Babylon von Grund aus wegzubeizen,
hast, Himmel, du nicht Pech und Schwefel mehr?!"
(*Zu Kunz*):
„Du freilich bist nur ein verirrtes Lamm,
der teuflischen Verführung schuldlos Opfer.
Dein Herz, mein Freund, das merk' ich schon, ist gut.
Stoß an mit mir! Zu geistiger Hoffart zeigst
du keinen Hang. Mit himmlischen Gesetzen
zu hadern, treibt's dich wackr'en Burschen nicht."
(*Zu Basil*):
„Du aber, der du seiner Unschuld Henker,
durch deine Schriften, deine Zauberformeln,
der Schlächter dieser armen Seele bist,
du stirbst, das schwör' ich dir, den Flammentod!"

Basil:
„Verzeih! Mir klingt sein Lied noch im Gemüt.

Ich schätz' es hoch wenn Geister sich erhitzen.
Vor einem Menschenalter zankten wir
schon in der Klosterschule so. Wie damals
stoß' an mit mir!"

Porphyrion: (*anstoßend*):
„Prost, saft'ger Teufelsbraten!"

Kunz(*sich setzend, trinkt*):
„Prost Freunde! Wenn´s euch recht ist, reden wir
jetzt von den Orgien, die wir feiern wollen."

Basil:
„Der Pater ist kein Freund von solchen Dingen."

Porphyrion:
„O doch! Sie zu erörtern ist mein Amt!"

Basil:
„Erlaubt mir, Freunde, nur zuvor ein Wort:
Willst du mit meinen höllengeistern Orgien feiern,
so willst du's doch aus Hunger nach Erkenntnis.
Du willst's aus Sehnsucht nach Vervollkommnung?!"

Kunz:
„Da kennst du mich schlecht! Erstens bin ich vollkommen,
keine Tätigkeit ausgenommen.
Alles klappt auf den ersten Sprung.
Und für Erkenntnis
heißt mein Verständnis
nur meiner Freuden Vervollkommnung.

Drum schenk' mir, bitte, die Mandragora.
Sie macht mich unsichtbar und sie betäubt,
so daß, kommt mir ein schönes Mädchen nah',
von Hindernissen nichts mehr übrig bleibt.
Wir gehn dem neuen Paradies entgegen,
und tausendfach vermehrt sich der Genuß,
wenn man das Mädchen seiner Liebe wegen
nicht erst mehr um Erlaubnis fragen muß.
Denn das bleibt immer doch das Schlimmste dran,
daß man nicht einfach Alle Lieben kann.
Drum hab' ich oft auch schon die Kunst getrieben,
zwei wenigstens zu gleicher Zeit zu lieben.
Leicht ist das nicht, doch wenn es dir gelingt,
hörst du Musik, die durch das Weltall klingt,
Erquickung fühlst du, die dein Mark durchdringt.
Ist nun ein Menschenweib schon höchstes Glück,
das leider immer nur zu früh zerronnen,
dann bietet sicher Wonnen über Wonnen
die Teufelin in solchem Augenblick.
Ich liebte welsche Weiber, Negerinnen,
nie aber liebt ich eine Teufelin."
(*Anstoßend*): „Trinkt drauf, ihr Brüder, daß wir sie
gewinnen. Gern geb' ich meine Seele dafür hin!
Der Succubus allein ist's reichlich wert,
daß mit Begeisterung man zur Hölle fährt."

Porphyrion (*trinkt*):
„Jetzt trink' ich nur noch, weil die Haut mir schaudert!"

Basil (*trinkt*): „Ich trinke staunend wie im
Nordlichtschein!"

Porphyrion (*zu Kunz*):
„Nachdem du schon so viel hast ausgeplaudert,
laß dich auf eine ernste Frage ein:
Glaubst du an Gottes Allmacht?"

Basil (*zu Porphyrion*):
„Spielverderber!
Herb' klang sein Wort, daß deine klingt noch herber."
(*zu Kunz)*:
„Hältst du den schönsten Mädchenleib umfangen,
dann reizt dich doch des Opfers hilflos Bangen?
Dich reizt des Widerstandes holdes Spiel?!"

Kunz:
„Unsinn! Dann reizt mich einzig mein Gefühl!
Warum vergeud' ich denn die Zeit mit Spielen,
statt immer fröhlich mein Gefühl zu fühlen!
Die Zeit, die ich's nicht fühle, gilt mir nichts.
Man will von sich doch nur sein Schönstes haben!
Drum bitt' ich dich um deiner Weisheit Gaben,
um die Erleuchtung deines geist'gen Lichts.
Das große Elixier, der rote Leu,
schützt vor Erschlaffung, die ich noch nicht kenne
und da ich wieder wie ein Krater brenne,
letz' ich jetzt meine Liebeslust aufs neu!
Lebt wohl! Ich leere dieses Glases Rest
auf deine Weisheit, die sich brauchen läßt." *(Ab)*

Vierter Auftritt

Basil:
„Wir sitzen, wie wir auf der Schulbank saßen,
vereint durch unsres Lernens Dürftigkeit."

Porphyrion (*zieht sein Pergament aus dem Ärmel*):
„Die Ketzerbulle, die der heilige Vater
aus Rom an uns Inquisitoren sendet,
les' ich dir jetzt noch bis zum Ende vor."
(*Er liest*):
„Summis desiderantes affectibus....
   Nicht ohne schwerste Bekümmerung
erfahren wir, welch eine fündige Mode
sich eingeschlichen beim Feuertode,
indem sein Bewußtsein der Kerker verliert
und vom Verbranntwerden gar nichts spürt.
Derohalben wir unseren Geliebten raten,
den Kerker mit größerer Sorgfalt zu braten,
auf daß er stets das Bewußtsein bewahrt,
so wird auch an Brennmaterial gespart.
Erstens nehmt einen Wisch von Stroh,
lasset ihn aufflammen lichterloh.
Mit solchem Wisch wird der Kerker bedrängt,
am ganzen Leib ihm das Fell versengt.
Dergestalt kann es ihm niemals glücken,
allzubehende im Rauch zu ersticken.
Ist er nun über und über geschunden,
dann laßt ihm, Geliebte, reichlichste Zeit,
wie mörderlich er nach dem Tod auch schreit,
denn nun sieht zu hoffen, daß er seine Seele

doch noch der Gnade des Herrn empfehle.
Bevor er wird auf die Scheiter gebunden,
mögt ihr auch etliche glühende Zangen
an seine Extremitäten hangen,
weil es der Würde Justiziars frommt,
wenn ihren Braten die Hölle gespickt bekommt.
In gleichem verträgt er auch Rutenhiebe,
doch gebet ihm solche mit größter Liebe.
Nehmt stets im Herzen die Lehre aufs Korn:
Alles mit Liebe und nichts im Zorn,
weil der Zorn das gottsel'ge Werk überstürzt,
wider alle Vernunft die Qualen verkürzt.
Erst wenn ihrer mehrere so beisammen,
dann werfet sie in die verzehrenden Flammen,
und ihre Asche, wie es immer geschehen,
lasset dann durch die vier Winde verwehen.
Also gegeben im blühenden Lenz
dieses glückhaften Jahres."

Basil:
„Hast du noch Wein, um mit mir anzustoßen?"

Porphyrion:
„Mein Glas ist leer. Hast du noch Wein im Krug?"

Basil (*einscheckend*):
„Der junge Ritter hat mich arg ernüchtert.
Prost, alter Freund!" (*Er stößt an*)

Porphyrion:

„Prost, saft'ger Teufelsbraten!"

(*Er leert sein Glas und erhebt sich*)

„So reit' ich in mein Kloster denn zurück. –
    Soll offen ich's bekennen? – Eigentlich
tust du mir leid, wie du in Blüte prangend
auf deinem schönen Schloß hier vor mir thronst!
Dem Himmel schlachten wir ein feistes Kalb! --
Ich denke, morgen kommen schon die Häscher,
das Sakrament im Leib, um dich zu sahn.
Sie schlagen dich in Ketten und sie ziehn dir
das Hemd des armen Sünders an. – Hab' Dank
für den Genuß. – Ich ziehe meines Wegs"

(*Ab*)

Basil (*ruft*):

„Hat euch, ihr Kloben,
je einer ausgehoben?
Bleibet ihr Balken,
wachsam wie Falken!
Schützet, ihr Ketten,
unsere friedlichen Stätten!
Und ihr, getreue Riegel,
schließet die schweren Flügel!
    Nun kommt er – nicht hinaus! – Wie wird mir denn?
Wohin entschwand mein Stolz? – Wohin entschwand
die Unverwüstlichkeit? – Soll ich zur Stärkung
aus meinen eigenen Büchern deklamieren? –
Pfui Teufel! Meines Lebens Zaubergarten
trägt frisch're Blumenpracht. Wie klang das Lied? –

Vor einem Menschenalter barg für mich
dies Lied die Seligkeit der Seligkeiten:
Sieh' die taufrische Maid,
erst eben erblüht;
durch ihr knappkurzes Kleid
der Morgenwind zieht.
Wie schreitet sie rüstig,
jubiliert und frohlockt,
und ahnt nicht, wer listig
unterm Tarusbusch hockt.
Der allerfrechste Weidmann
im ganzen Revier
er tut ihr ein Leid an
in frevler Jagdbegier.
In einem langen Kleide
geht sie nun bald einher,
sinnt vergangener Zeiten
und jubelt nicht mehr.
Und dann drei Jahre später! Doch die Maid
war älter nicht als Jene. Nur der Körper
in allen Zauberkünsten längst geübt:
Ach, sie strampelt mit den Füßen!
Ach, sie läßt es nicht geschehn!
Ach, noch kann ich ihren süßen
Körper nur zur Hälfte sehn!
  Um die Hüfte weht der Schleier,
um den Schleier irrt mein Blick,
immer wilder loht mein Feuer –
Ach, sie drängt mich scheu zurück!
Mädchen, ich will nichts erzwingen.
Mädchen, gib mir einen Kuß.

Sieh´, dich tragen eigene Schwingen
durch Begierde zum Genuß.
Ach, da schmiegt sie sich und lächelt:
Deine Küsse sind ein Graus!
Und mit beiden Händen fächelt
sie der Kerze Schimmer aus.
Weh' es verblaßt, verschwimmt! Doch sieh', da
schreitet
ein edles Weib einher! Gemartert ward ich –
 ihr Götter, war die Marter wonnevoll!
Hetz' deine Meute weit über die Berge hin –
sie kehrt wieder von Schweiß und von Staub bedeckt.
Gib ihr die Peitsche, gewaltige Jägerin –
sieh', wie sie dir winselnd die Füße leckt!
Eh' der Bann zerreißt, eh' die Koppel in Stücke springt,
eh' die Brut dir entgegensteht, wenn dein Hifthorn
klingt,
eh' dein Ohr ihn vernimmt, aus der Seele den dumpfen
Schrei,
eh' reißen Sehnen und Adern und Herz entzwei.
Schwing' deine Peitsche! Dein gellendes Halali
tönt wie des Todes wilder Triumphgesang.
Das Auge, blutunterlaufen, sterbensbang,
späht nach dem Wild deiner Lust und erblickt es nie....
 Enteil', o Jägerin, nicht allzu rasch!
Du fliehst? Wer drängt von hinnen dich? – Da schwebt
ein Weib empor: Aus großen blauen Augen
lacht Engelsunschuld. – Und es spricht zu mir –
es spricht in glockenreinem Ton zu mir:
Ich liebe nicht den Hundetrab
alltäglichen Verkehres;

ich liebe das wogende Auf und Ab
des tosenden Weltenmeeres.
Ich liebe die Liebe, die ernste Kunst,
urewige Wissenschaft ist,
die Liebe, die heilige Himmelsgunst,
die irdische Riesenkraft ist.
Mein ganzes Innere erfülle der Mann
mit Wucht und mit seelischer Größe.
Aufjauchzend vor Stolz enthüll' ich ihm dann,
aufjauchzend vor Glück meine Blöße."
(*Beschwörend*):
     „Dich muß ich halten zu lebendigem Kuß!
Succubus!
Sei Fleisch und Blut wie damals im Genuß!
Succubus!
Gib mir von deiner Freuden Überfluß,
Succubus!
Da ich dich liebend heut' umfangen muß!
Succubus!
Das Magisterium ist des Zaubers Schluß!
Succubusl Succubus! Succubus!"

Fünfter Auftritt

(*Lamia, ein junges Mädchen, in kurzem Kleid, das die Arme frei läßt, und großem Federhut tritt auf.*)

Lamia (*zur Tür hereinschauend*):
„Geduld! Hier bin ich!" (*Nach außen*): „Fort jetzt mit euch Andern!
Laßt mich mit ihm allein!"
(*Zu Basil*):
„Was willst du denn?"

Basil:
„Dich will ich!"

Lamia:
„Selbstverständlich!"

Basil:
„Warum lachst du?"

Lamia:
„Der Jüngsten einer scheinst du nicht zu sein!
Ich hab' weiß Gott schon jüngere gekannt."

Basil:
„Dir nur ist Jugend Pflicht!
Ich brauche Jugend nicht.
Doch wenn sie dir gebricht,
die viel bewunderte,
bleibt nichts zurück.
Denn nur dein blühender Leib

ist mir ein Zeitvertreib.
Was gilt mir sonst das Weib!
Und wieviel hunderte
waren mein Glück!"

Lamia (*sich an den Tisch setzend*):
„Prahl' doch nicht so! Was du jetzt Weiber nennst,
das waren nichts als schöngefärbte Dünste,
Lichtbilder, Traumfiguren, Hirngespinste.
Ich schwöre dir, mein würd'ger Freund, du kennst
noch gar kein Weib. Wenn ich mein Herz erschließe,
dann fällt vor Schreck dein Kopf dir vor die Füße."

Basil:
„Ein viertel Dutzend nannt' ich erst eben,
die sich in Freuden mir hingegeben!"

Lamia:
„Möglich, daß du mit manchem armen Wurme
manch eine Nacht durchliebt. – Was kümmert's mich!
Ich hielt dich sicher nicht für jungfräulich!"

Basil:
„Wenn in gewaltigem Wettersturme,
aller Geistesherrschaft enthoben,
Leidenschaften jäh durcheinander toben,
dann leuchtet die runzliche Welt
allerwärts plötzlich vom Blitz erhellt.
Und das Stück Wild, mit gepeitschten Hüften,
sausend jagt's zwischen Sternen und Grüften

auf und ab, auf und ab...."

Lamia:
„Papperlapapp!
Das nenn' ich Hundetrab.
Sich mit blödestem Bauervergnügen
um den wahren Genuß betrügen.
Erst wenn ein Weib sich viele Jahre lang
in tausend Freuden und in Kümmernissen
an deinem Herzen hat festgebissen
und, während es dich glühend just umschlang,
mit kräftigem Ruck sich lachend losgerissen,
dann erst kennst du das Weib als Zeitvertreib. –
Jetzt muß ich aber fort. Ich weiß von Knaben,
die sich nicht philosophisch an mir laben.
Man zankt und prügelt sich. Das ist das Gute.
Ihr ganzer Zauber kocht in ihrem Blute."

Basil (*zieht sie auf seine Knie*)**:**
„Halt, Here, du bleibst hier! Ich rief dich nicht

ans Licht empor,
damit du eitlen Gecken
dich als Schindluder vor den Füßen reckst...."

Lamia:
„Schimpf nicht so roh!
Du wärest höllisch froh,
zählte ich dich zu den eitlen Gecken,
nach denen wir Mädchen die Finger uns lecken."

Basil:

„Damit du deinen Leib mit Schmutz bekleckst,
um schließlich, die flammende Pestilenz im Gesicht,
in stinkichter Kehrichtgrube zu verrecken."

Lamia:

„Wie gern tut man sich an den Gecken gütlich!
Sie sind so unbeschreiblich appetitlich,
was ich von dir nicht grad' behaupten will."

Basil:

„Here, schweig' still,
oder du fährst zurück in die Hölle!"

Lamia:

„Du bist ein ungemütlicher Geselle!"

Basil:

„Im Liebeskampf rast auch der größte Schlaukopf!"

Lamia:

„Du denkst dir allem Anschein nach, ein Graukopf
sei fünfzig lebenslustige Burschen wert.
Meiner Erfahrung nach ist das umgekehrt."

Basil:

„Mit mir zu hausen hast du keine Lust?"

Lamia:

„Es kommt darauf an!

Manchmal bist du wohl auch ein Mann.
Du weißt, daß du mir dann gehorchen mußt!"

Basil:
„Gehorchen dir denn auch die faden Laffen?"

Lamia:
„Was hat denn das miteinander zu schaffen?
Diese Burschen sind mein, ich bin dein Genuß.
Ich liebe ihren, du liebst meinen Kuß.
Deshalb, damit wir uns gut vertragen,
will ich dir jetzt meine Bedingungen sagen."
(*Sie macht´s sich auf dem Tisch bequem*)

Basil:
„Ich schwöre dir, Kind, ich hab' den besten Willen,
all deine Wünsche reichlich zu erfüllen."

Lamia:
„Ein braver Ehemann, ohne zu bocken,
legt seine Kinder selber trocken."

Basil:
„Bei andern Frauen blieb mir das verborgen.
Doch ist es jetzt so Brauch, werd' ich's besorgen."

Lamia:
„So kommt alles zu seiner Zeit.
Das waren windige Traumgestalten,
die nur du für lebendig gehalten.
Ich bin greifbare Wirklichkeit,

nicht hochpoetisch aber kerngesund.
Und Greifbarkeit ist schließlich auch kein Hund."

Basil (*faßt ihre Arme*):
„Wie göttlich werd' ich mich an dir ergötzen!"

Lamia:
„Bist du verrückt?! – Von deinen Zauberschätzen
fordre ich erstens der Königin von Saba
einstmaligen Trost, den Schlüssel der Kaaba.
Du weißt, daß du dann blind wirst, nichts mehr siehst
und dir den Hals brichst, wenn du mir entfliehst.
Denn eins versteht von selbst sich in unserer Ehe,
daß ich dich lieber tot als untreu sehe.
Hier in deinen eigenen vier Wänden
ungewiß
in deiner Blindheit Finsternis
tappst du dich dann zurecht mit den Händen,
bis ich mich in den Weg dir stelle
und du jählings Erleuchtung spürst, ·
weil du von ungefähr mich berührst.
Du schaust mich dann in wunderbarer Helle –
selbstverständlich nur für solang,
als mich in mächtigem Liebesdrang
dein Arm umschlang.
    Sobald deine kreisenden Augen mir nichts mehr
sagen,
bist du dann wieder mit tiefster Blindheit geschlagen."

Basil (*faßt ihren Arm*):
„Wie göttlich werd' ich mich an dir ergötzen!"

Lamia (*sich losmachend*):
„Was das für freche, klobige Pfoten sind!
Sei doch erst blind! –
Als zweites fordere ich mir von deinen Schätzen
den Zaubergürtel. Merk' dir das genau!
Den Gürtel brauch' ich nämlich, weil die Frau,
die um ihre Hüften diesen Gürtel trägt,
in jedem Manne, einerlei,
ob er ein Fürst, ob er ein Bettler sei,
unbezähmbare Liebesglut erregt,
so daß ihr Burschen in allen Trachten
sehnsuchtsvoll immer zu Füßen schmachten,
und daß der leckere Nimmersatt
immer die schönste Auswahl hat."

Basil:
„Wie gern wollt' ich dann auf den Straßen betteln!"

Lamia:
„Man braucht seine Zeit mit Worten nicht zu verzetteln:
Du siehst es nicht, sobald ein Paar wir sind.
Du bist stockblind!
  Du tappst indes im Dunkeln, ob die fromme
Gefährtin dir endlich mal unter die Pfoten komme,
derweil dicht hinter deinem stolzen Rücken
sich Andere seelenfroh an mir erquicken.
Sind sie hinaus, werd' ich's getreu dir melden.
An den Entschwundenen wirst du dann zum Helden.
Du tobst durchs Schloß, fluchst auf die wollüstige Dirne
und schlägst dir Löcher in deine Denkerstirne!
Deine brennende schaurige Wut

darüber, wie wir dich betrügen,
die schießt dir dann wieder ins Blut
aufpeitschend wie spanische Fliegen.
Dann aber freu' dich! Eh' du mich dann ertappst,
laß ich dich erst die herrlichsten Sprünge machen,
denn dann springst du ebenso
prachtvoll wie der gewandteste Floh.
Derweil wälz' ich am Boden mich vor Lachen,
weil immer du vergeblich nach mir schnappst.
Dann wirst du stöhnen
in den ergreifendsten Tönen
und kannst nach mir dich heiser schrein:
Du hast nur mich allein."

Basil:

„In meiner Seele Tiefen, braust es hohl,
kämpft' ich dafür den schwersten Kampf auf Erden?"

Lamia:

„Ein großer Geist fühlt sich im Dunkeln wohl."
(*Vom Tisch springend*):
    „Das Weib ist dazu da, geseh'n zu werden."

Basil:

„Würg' ich ihn nun in meiner Blindheit Not,
den schlanken, geschmeidigen, jungen Laffen,
der dir so süße Zerstreuung geschaffen,
und er, mit seinem –Hackbeil, schlägt mich tot?"

Lamia (*setzt sich ihm auf die Knie*):
„Glaubst du, das macht mir den geringsten Kummer?"
(*Sie küßt ihn*)
   „Du Aff, du dummer!
Sterben ist allgemeiner Brauch.
Andere Grauköpfe sterben auch.
Sterben ist so alltäglich auf Erden,
wie Heiraten und wie Geborenwerden."

Basil:
„Nur eilt es mir damit nicht gar so sehr!
Sieh' dort, mein Kind hab' ich mir meine Welt
mit viel Geduld und Sorgfalt ausgestellt.
Beinah' vollendet sieht sie gegenwärtig.
Der Abschluß fällt mir unerwartet schwer.
Der Unterbau ist auch noch nicht ganz fertig.
Fünf Kreise sind darauf noch zu beschreiben.
Solang' möcht' ich noch gern am Leben bleiben."

Lamia: (*wirft den Globus um, steigt darauf und
wandelt auf der Himmelskugel
durchs Gemach*):
   „Ist das deine Welt? – Beim Barte des Propheten,
so winzig hatt' ich mir deine Welt nicht gedacht.
Deine Welt werd' ich gleich unter meine Füße treten.
Wenn deine Welt nicht unter mir zusammenkracht.
Mit Hochgefühl mußt du dies Kunststück genießen:
Meine Stiefelsohlen fegen der Sterne Schein.
Gehorsam rollt dein Himmel unter meinen Füßen
und preist sich selig, von ihnen gekitzelt zu sein."

Basil (*sie bedrohend*)**:**
„Wirst du von der Verkörperung meiner Lehren
dich unverzüglich jetzt herunterscheren?!"

Lamia:
„Nur noch ein Wort:
Hoch über deinem zusammengeflügelten Reiche
bleibe meine lebendige Greifbarkeit die gleiche:
Gib mir die goldenen Äpfel dort!"
(*Basil reicht ihr zwei Orangen, mit denen sie Ball
spielt*)
„Das bist du, das sind die Andern.
Sieh', wie sie wandern:
Auf und ab!
Bauernvergnügen! Hundetrab!"
(*Die Äpfel fallen zur Erde*)
„Von meinen Bedingungen hätt' ich indessen
die allerwichtigste beinah' vergessen.
Der richtige wackere Ehemann
hat einen Keuschheitsgürtel an!"

Basil:
„Hat je ein Mann seit Vater Adams Tagen,
so oft man ihm in mancherlei Gestalt
auch einen Maulkorb umgeschnallt,
solch einen Käfig an sich herumgetragen!"

Lamia:
„Ich selber habe solch einen Gürtel erfunden,
weislich geschmiedet aus Ketten, Spangen und Schloß.

Kein Herkules hat sich noch seinem Gehege entwunden,
und wenn sein Herz, von Begierde zum Plätzen voll,
ihm wie eine Hydra bis in die Kehle schwoll.
Mir wahrt er des Glückes unvermindert Stunden,
Enthaltsamkeit wahrt er dem treuen Ehegenoß."

Basil:

„Ich fänd' mich gar nicht ungern so streng verwahrt,
zög selbst den Gürtel mit Begeisterung enger.
Denn dann, wer weiß, in meiner eignen Art
entpuppte ich mich vielleicht als Kettensprenger."

Lamia:

„Du trägst ihn unentrinnbar um deinen Leib!
Den Zaubergürtel trägt dafür dein Weib,
damit wir beide in den Grenzen
der Ehe harmonisch uns ergänzen.
Der Schöpfung Herrin und ihr Meisterstück,
steh' ich dann zwischen der Schöpfung und deinem
Glück,
um meine Gnade, ohne jemanden zu kränken,
rechtmäßig nach beiden Seiten hin zu verschenken."

Basil:

„Zu meinem Herzleid muß ich dir bekennen:
Mich lüstet's nicht nach diesem edlen Bund.
Nach deinen Küssen wässerte mir der Mund,
den Eh'stand möcht' ich Würdigeren gönnen.
 Willst du dir sonst im Land nicht einen Gatten wählen?
Ich werde dich meinen teuersten Freunden empfehlen."

Lamia: (*springt von der Kugel*)
„Danke für so viel Gnade.
    Schade ist's! Jammerschade!
Du bringst dich, armer verblendeter Tor,
um dein Lebensglück. Auf dem Sterbebett wirst du's
bereuen.
    Mir schwebt jedoch noch etwas andres vor:
Seit Wochen such' ich mir nämlich einen Lakaien.
Du zitterst vor des Eh'stands harmlosen Schlingen;
willst du dich als mein Lakai nicht bei mir verhingen?
Wenn ich dir aufrichtig zu dieser Stellung rate,
dann tu ich's, weil dein Dienst bei mir nicht
schwer.Nachts schläfst du natürlich in meiner
Kemenate,
am Tage läufst du bescheiden hinter mir her.
Eins nur darfst du als mein Lakai nicht wagen:
Du darfst dich nie über Langeweile beklagen.
Wenn du gefragt wirst, hast du Antwort zu geben,
sonst aber bleibst du immer stumm wie ein Pferd...."

Basil (*zornig*):
„Ich habe jetzt genug von dir gehört!"

Lamia:
„Du Grobian! – Wenn man vom Erdenleben
nichts hat als Pech, dann heult man mit den Wölfen.
Wem nicht zu raten ist, ist nicht zu helfen!"
(*Sie öffnet die Tür und ruft hinaus*):
    „Euch tapferen Burschen will ich Gefährtin bleiben!
Schindluder könnt ihr jetzt wieder mit mir treiben!"
    (*Ab*)

Sechster Auftritt

Basil:

„War das Entwürdigung? – Warum nicht gar! –
Im Gegenteil! –––Ich bin erfrischt, als hätt' ich
in einem eisigen Gletscherbach gebadet."
(*Er ruft*):
    „He, Leonhard!"
Stimme von außen:
    „He, Leonhard!"

  Basil:

„Mein Echo! –
Was ich vom Weib gewußt, war wohl erlogen,
weil ich am Weib noch nicht gebührend litt? –
Schleich' ich von heut' ab nun in großem Bogen
um jedes Weib, das in den Weg mir tritt?
Unsinn! Verrücktheit! – Zaubre dir blauen Dunst
nicht vor mit deiner eignen Zauberkunst!
Ein Gimpel, wer das Weib vom Menschen scheidet!
Ein Narr, wer es für Satansbrut erklärt!
Die Weisheit, die am Weibe Schiffbruch leidet,
die ist nicht eine Pfennigkerze wert!
Zum Weiberfeind bin ich nicht zu bekehren,
fehlt's mir zum Weiberknecht doch am Geschick.
Lernst du der Weiber Dienste nur entbehren,
dann spenden sie dir laut'res Sinnenglück.
An dieser Here werd' ich mich noch erwärmen!
Die kommt mir schwerlich wieder aus dem Sinn.
Für eine Hündin mag ein Köter schwärmen;

45

ich schätze wie vordem die Tigerin."
(*Er öffnet die Tür und ruft hinaus*):
„Wo bist du, Leonhard?"
Stimme von außen:
„Wo bist du. Leonhard?"

Basil (*schließt die Tür*):
„Ich höre nur mein Echo, das mich narrt! –
Der freche Junker in dem schwarzen Wams –
er hätte Menschen gern aufs Blut geschunden,
hätt' mir den Stein der Weisen gern entwunden –
war er ein Sprößling nicht des gleichen Stamms?
Gäb' er, auf dieses Weibsstück losgelassen,
nicht wahrhaft mustergültige Menschenzucht
von einer Derbheit, die bei heutigen Rassen
man in der ganzen Welt vergeblich sucht?!
Das ist der Jugend schäumender Überschwang,
des leichten Blutes feuriger Tatendrang!
Entfesselte Sinne flackern lichterloh.
Im Leben geht dann alles wie am Schnürchen.
So scheint mir auch dies teuflische Kreatürchen
vom Götterweib der richtige Embryo.
In harten Kämpfen wird der Wildfang zahm.
Wer zahm war, martert sich in jämmerlicher Reue,
so wahr wie mancher Frau unwandelbare Treue
auch schon aus einem Hurenhause kam."
(*Er ruft zum Fenster hinaus*):
„Du kämpfst umsonst mit meinen Geisterscharen!"
Stimme von außen:
„Du kämpfst umsonst mit meinen Geisterscharen!"

Basil (*ruft hinaus*):
„Willst du dir all die Prügel nicht ersparen?"
(*Porphyrion stürzt zur Tür herein und spricht, sein
Kruzifix hochhaltend in beschwörendem Ton zu Basil*)

Porphyrion:
„Du, der du mich hier auf deinem Schlosse gefangen
hältst,
der du mich hier in fürchterlich kneifenden Zangen
hältst
mitsamt deinen Geistern, den schauergestaltigen,
entweich' vor dem Bilde des Ewig-Gewaltigen!
Ihr, Asmodi, Belial und sonstiges Ungetüm,
fahret hinaus aus ihm! Oh, fahret hinaus aus ihm!
Du, der du Dämonen rings um dich versammelt hast,
der du Brücken und Straßen versperrt und verrammelt
hast,
im Stolz deiner Weisheit, der dreimal verdächtigen,
jetzt schaudre zurück vor dem Bild des Allmächtigen!
Und du Herrscher der Hölle, mit kläglichem Ungestüm
fahre hinaus aus ihm! Oh, fahre hinaus aus ihm!
Fahrt alle hinaus aus ihm, die ihr im Weg mir steht,
ihr Hekate, Lilith, Mylitta und Astoreth!
Bei dem gellen Posaunenschall himmlischer Seraphim,
fahrt alle hinaus aus ihm! Fahrt alle hinaus aus ihm!
Fahrt jauchzend dorthin, wo's euch Teufeln behagen
mag, -
heraus aus dem Madensack! Hinein in das
Schweinepack!"

Basil:

„Kommst du nicht bald zu End' mit der Beschwörung,
dann steigt ein Trutzgeist zwischen uns empor,
der dich zerbläut, uns beiden zur Belehrung!"

Porphyrion (*beschwörend*):

„Fahre hinaus aus ihm, du Dämon der Empörung!"

Basil:

„Kennst du mein schönes Wunderkind Humor?"

Porphyrion (*heulend*):

„Motten, Wanzen, Läuse, Flöhe
geben grausam dir den Rest,
martern dich mit wildem Wehe,
wenn du mich hinaus nicht läßt!
Fledermäuse, Kröten, Molche,
Diebe, Halsabschneider, Strolche
untergraben deinen Geist,
wenn du stracks mich nicht befreist!
Vampir, Basiliste, Nattern,
Wechselfieber, schwarze Blattern,
Wassersucht und Blasenstein
schinden dich jahraus, jahrein.
Öffnest du mir nicht die Straßen,
dann zermalmt es dich dermaßen,
daß ein Ätna aus dir sprüht,
dich zu heißem Brei verbrüht!"

Basil (*stampft auf den Boden*):

„Steig' du empor, den ich noch nie verlor,
mein Kampfgenoß! Mein Kleinod! Mein Humor!

Ich kann's nicht fassen, daß du nicht schon längst
dich zwischen mich und diesen Wütrich drängst.
Seit frühester Kindheit, wenn in blut'gem Streite
mein Schwert klang, wichst du nicht von meiner Seite:
Heut' hab' ich dich den ganzen Tag vermißt.
Mir schaudert. Weiß der Henker, wo du bist!"
(*Stampfend*):

    „Herauf mit dir! Die Peitsche werd' ich holen,
für deine Trägheit dir dein Fell versohlen.
In deinem Zaudern liegt doch wohl kein Zeichen,
daß schon des Todes Schatten mich umschleichen?
Denn der war auch als Jüngling nur ein Tor,
der mit dem Alter den Humor verlor.
Bleibst du Gesell mir treu nicht selbst im Sterben,
dann werd' ich dir dein Hinterteil vergerben.
Wo ist die Peitsche?! Hopp! Jetzt wird es ernst."
(*Nimmt die Peitsche von der Wand und knallt*)

    „Was gilt's, daß du aufs Wort gehorchen lernst!"

Siebenter Austritt

(Guendolin, ein Narr, tritt ein)

Guendolin:
„Hier bin ich schon! Was wollt ihr denn von mir?"

Basil:
„Besänftige mir diesen rasenden Pater hier!
Dein Witz muß leuchten! Deinen Geist laß sprühen!
Zur Stärkung werde ich dir erst einige überziehen."

Guendolin *(versteckt sich hinter dem Pater)*:
„Bewahr' mich Gott! Der Rasende bist du!
Mich beißen noch vom letztenmal die Striemen,
als du mich riefst, dir etwas vorzumimen.
Wenn du nicht prügelst, findest du keine Ruh'.
Das kommt, weil deine Mutter in ihren Wehen
an einem Folterknechte sich hatte versehen."

Porphyrion *(zu Basil)*:
„Ich beschwöre dich, Freund,
ach laß dein gottloses Knallen!
Du bist, wie mir scheint,
unheilbarem Wahnsinn verfallen!"

Basil *(zu Guendolin)*:
„Was sabelst du von meiner Mutter, Strolch?"

Guendolin:
„Du bist ein Büchernarr! Ein neidischer Molch!
Ein Philosoph, der zornig durchs Leben wandelt,

an andern die Freuden studiert, um die es sich handelt,
weil du mit dem lieben Gott, den du heimlich verehrst,
auf so entsetzlich gespreiztem Fuße verkehrst.
Drum hast du auch über Leben, Lachen und Lieben
so unausstehlich grausige Bücher geschrieben."

Porphyrion (*Guendolin in die Arme schließend*):
„Aus tiefster Seele dank' ich Gott, mein Knabe,
daß ich einen streitbaren Helfer an dir habe.
Sprich tapfer weiter! Sag' ihm dreist und keck:
Deine ganze gepriesene Geisterwelt ist Dreck!"

Basil (*zu Guendolin*):
„Was war's mit meiner Mutter? Tu mir' kund!
Mit Andeutungen lass' ich mich nicht necken."
(*Da Guendolin schweigt*):
„Ich öffne dir gewaltsam deinen Mund.
Ich zerre deinen Körper, jung und schlank
sofort von Folterbank zu Folterbank!
Die Glieder werd' ich dir so kräftig strecken
daß Schleifen man aus ihnen binden kann!
Kommt dir nicht bald die Antwort in den Sinn,
dann walz' ich dir den Leib so platt und dünn,
Daß man dich um ein Stuhlbein winden kann!"

Guendolin (*zwischen Porphyrion und Basil tretend*):
„Die Menschen lassen
sic h in drei Klassen
zusammenfassen:
Erstens die Lieblinge der Götter;
ihnen lacht immer das herrlichste Wetter.

Dann die, deren Mütter sich einst verseh'n,
die mit Gott auf gespanntem Fuße steh'n.
Und in der untersten der drei Klassen
solche, die gänzlich von Gott verlassen. –
Als Götterlieblinge schätze ich ein
Alle, die sich des Daseins freu'n;
wissen oft selbst nicht recht, was sie treiben,
können weder lesen noch schreiben.
Nun aber kommen die neidischen Viecher,
die mit Gott auf gespanntem Fuße steh'n,
und schreiben darüber, was sie geseh'n,
wie die Götterlieblinge immer mit neuen
Kräften sich ihres Daseins freuen,
aus Mißgunst und Rachsucht die giftigsten Bücher. –
Und in der untersten der drei Klaffen,
wer ist wohl gänzlich von Gott verlassen?
Ratet ihr's nicht? – Die unglücklichen Wesen
sind es, die diese Bücher lesen."

Porphyrion:
„Recht hast du, Narr! Gott schütze dich! Allesamt,
die je ein Buch von diesem Kerker lasen,
sind vom Gestank des Teufels aufgeblasen.
Sie sind verdreht, verderbt, verflucht, verdammt!
Drum hilf mir, Narr, daß wir das Ungeheuer
zum Richtplatz schaffen und von dort ins Feuer!"

Basil (*holt die Armbrust von der Wand und zielt auf Porphyrion*):
„Mönch, nimm dein Maul in acht!

Eh' du's gedacht,
liegst du und streckst alle Viere!"

Porphyrion (*versteckt sich hinter Guendolin*):
„Geduld; mein Freund! Ich verspüre
nach der gottseligen Himmelspracht
kein so brünstiges Verlangen!"

Guendolin (*zu Porphyrion*):
„Sakrament, bist du leicht zu fangen!"
(*Zu Basil*):
„In deiner Armbrust steckt kein Geschoß!"

Basil:
„Sei getrost, mein wackerer Genoß!
Jedem, der sich entgegenstellt,
    Bringt sie den Tod", – (*den Hebel abdrückend*)
„wenn die Sehne schnellt"

Guendolin:
„Das bringt den Tod? – Ich finde das lächerlich!"

Basil:
„Zu dutzendmalen bewahrte die Waffe sich!
Wagte sich da oder dort, bei Tag oder Nacht
irgendein Gauch hervor,
mit diesem leeren Rohr
hab' ich ihn kalt gemacht,
daß er zu keiner ruchlosen Tat
je sich wieder erhoben hat.
Meine Erfindung? – Mein Fabrikat!"

Guendolin:

„Schenk' mir die Armbrust, daß ich mit ihr spiele! --
Fehlt dir dazu der nötige Humor?"

Basil:

„Den selbst ich sehnsuchtsvoll heraufbeschwor?"
(*Er gibt Guendolin die Armbrust*)
"Nimm hin! Und such' nach einem würdigen Ziele!
Wähl' nur nicht mich! – Mir bangte vor deinem Witz,
hätt' ich den Stein der Weisen nicht im Besitz.
Der Stein der Weisen macht seinen Besitzer fest
gegen Gift, Schuß, Stich, Wundfieber und sonstige Pest."

Guendolin:

„In der Stunde, da der Mensch sich sicher fühlt,
hat er schon so gut wie ausgespielt."

Basil:

„Unkenrufe, Grabgeläute!
Davon hört ich genug schon heute!
Schilt mich verbittert, neidisch und gespreizt,
zähl' mich zur zweiten Klasse von Menschenkindern!
Ich will an alledem dich gar nicht hindern,
sobald dein Tanzen mich zum Lachen reizt.
Aber beweise mir doch zuerst,
daß du zu den Lieblingen der Götter gehörst!
Rief ich den Narren aus seinem Versteck hervor,
dann will ich echten, göttlichen Humor!"

Guendolin:

„Sonst weiß ich Possen zu jeder Zeit. –
Dein herrisches Verlangen
macht mir den Kopf befangen,
bringt mich in kläglichste Verlegenheit.
Was Wunder, daß du keine Scherze vernimmst,
wenn schimpfend meine Stimmung du mir
verstimmst!"

Basil (*knallend*):

„Dann wird mir doch nichts besseres übrigbleiben,
daß sich dein unterjochter Humor befreit,
als deine klägliche Verlegenheit
erst mit der Karbatsche dir auszutreiben!"

Guendolin:

„Halt ein! Erbarmen! – Meine Schenkel und Waden
sind mir auch ohne blutige Striemen wert.
Mein schwangerer Geist hat eben sich entladen.
Du platzest vor Lachen, wenn du den Spruch gehört.
Nur bitt' ich dich, dieses göttlichen Scherzes wegen
den Stein der Weisen erst auf den Tisch zu legen."

Basil:

„Warum willst du den Stein der Weisen, Schuft?!"

Guendolin:

„Weil sonst meines Scherzes Wirkung zu nichts
verpufft!
Wenn du ihn hörst, du windest in Krämpfen dich!"

Basil: (*holt den Stein der Weisen aus dem Juwelenschrein und legt ihn auf den Tisch*):
„Hier liegt der Stein der Weisen. – Vorwärts! Sprich!"

Guendolin (*nimmt den Stein vom Tisch*):
„Hol mich der Teufel! Dir fehlt es nicht an Humor!"

Basil: „Rückst du nun endlich mit deinem Spruch hervor!"

Guendolin (*mit feierlicher Verbeugung*):
„Willkommen sei der Botokude,
denn er bringt Leben in die Bude."

Basil (*mit feierlicher Verbeugung*):
„Mein Abgott bleibt der Karaibe,
der unerreichbar in der Liebe."

Guendolin (*mit feierlicher Verbeugung*):
„Ich preise mir den Kamtschadalen;
er frißt die Eier samt den Schalen."

Basil:
„Soll das Humor sein?! – Das ist Albernheit!"

Guendolin (*die Armbrust hebend*):
„War das kein Scherz?! – Gleich sei zum Tod bereit!"

Basil:
„Mein Mordgewehr versagt in deiner Hand!"

Guendolin (*die Sehne spannend*):
„Verzeih! Die Sehne hatt' ich nicht gespannt."

Basil:
„Singst du mir schleunigst nicht ein schön'res Lied,
dann muß dein Hintrer doch die Peitsche kosten!"

Guendolin (*befühlt seinen Rücken und reibt ihn an der Wand*):
„O weh! O weh! Schon spürt er, wie das zieht!
Zum Voraus reib' ich ihn an diesem Pfosten. –
Ich hab' das Lied!"

Basil:
„Dann sing's!"

Guendolin:
„Du wirst es loben!"

Basil:
„Nur nicht erst lange deinen Kehlkopf proben!"

Guendolin (*singt und tanzt*):
„Wahre Liebe
schadet nie –
links, zwei, drei,
rechts, zwei, drei.

Nur die Art und
Weise wie!
Links, zwei, drei,
rechts."

Basil:

„Du bist ein Affe!"

Guendolin:

„Ich bin – Humorist!
Ich habe nie etwas Lustigeres gesehen,
als wenn junge Mädchen nackend am Schandpfahl
stehen."

Basil:

„Mit Ekel seh' ich, welch ein Hanswurst du bist!"

Guendolin:

„Du hast dich mit allen vergnügten Leuten verkracht!
Du lachst nur, um unser Gelächter plump zu
verhöhnen! –
Ich lache immer mit dem, der am lautesten lacht,
und lache mit ihm über die, die am gräßlichsten
stöhnen.
Ich weiß mir kein so fröhliches Fest auf Erden,
als wenn alte Weiber lebendig gebraten werden."

Basil:

„Und alle Henker und alle Menschenschlächter,
sie brüsten sich wie die Götter bei deinem Gelächter!"

Guendolin:

„Ich achte genau auf der Menschen wichtiges Tun.
Das zeig' ich dann als lächerliches Gebaren,
wenn abends friedlich sie bei Trank und Speise ruh'n.
Dafür hab' ich noch stets das größte Lob erfahren.
Hat sich ein Zwerchfell nicht so festgeklemmt,
daß es sich allem Schütteln entgegenstemmt,
dann bin ich das trefflichste Mittel zu leichter
Verdauung."

Basil:

„Das schert mich nicht! Humor ist Weltanschauung,
wie schon der Doktor Artur Kutscher lehrt!"

Guendolin:

„Der Heilige hat Gottlob mich nie betört.
Ich schau' die Welt an, wie mich die Welt anschaut:
Als einen Popanz, den man zusammenhaut! –
Dir aber schafft Humor nur Unbehagen!
Du bist ein Sauertopf! Du bist verdreht!
Du bist ein Raufbold! Um es kurz zu sagen,
Du bist ein Mensch, der keinen Spaß versteht."

Basil:

„Wenn du schon deine Arbeit nicht getan,
fang' nicht noch obendrein mit Schimpfen an!"

Guendolin:

„Arbeit ist im Schlaraffenlande
bekanntlich eine Affenschande!"

Basil:
„Wie kannst du in diesen ehrwürdigen Hallen
in solch ein gemeines Geplapper verfallen!"

Guendolin (*singt und tanzt*):
„Sei die Seele noch so keusch –
links, zwei, drei,
rechts, zwei, drei.
Einmal triumphiert das Fleisch!
Links, zwei, drei, rechts."

Porphyrion (*singt und tanzt*):
„Dessen wird sich der bewußt –
links, zwei, drei,
rechts, zwei, drei.
Der bekämpft des
Fleisches Lust!
Links, zwei, drei, rechts."

Guendolin (*singt und tanzt*):
„Und noch eh' du's
recht bedenkst –
links, zwei, drei,
rechts, zwei, drei,
jubilierst du
wie ein Hengst!
Links, zwei, drei, rechts."

Basil:
„Ich rief dich in der Seele verzweifeltsten Nöten" –

Guendolin:
„Mästest du deine Gemüse mit Dünger,
dann halt' auch die Nase nicht zu mit dem Finger!"

Basil:
– „Zu Kot und Schlamm möcht' ich dich jetzt zertreten"

Guendolin:
„Aber ebensowenig tauche
sie ohne Notwendigkeit in die Jauche!"

Basil:
„Pack' dich hinaus! Sonst schlag' ich dich in Scherben!"

Guendolin (*versteckt sich hinter dem Pater*):
„Hab' ich es auch noch so eilig,
dein Vergnügen ist mir heilig!"

Basil (*verfolgt ihn*):
„Gleich wirst du unter meinen Schlägen sterben!"

Guendolin:
(*auf der anderen Seite, die gespannte Armbrust hebend*):
„Sei er noch so dick,
einmal reißt der Strick!"

Basil (*sich neben dem Pater aufrichtend*):
„Soll dein Ausruf etwa heißen,
daß schon alle Stricke reißen?!"

Guendolin:
„Nein, im Gegenteil!"
(*Er drückt die Armbrust los*)
„Mancher Strick bleibt heil!"

Basil (*reckt sich hoch empor*):
„Bleib Heil! Du mein vollendetes Gegenteil!
Du Zwerchfellschüttler! Du Schlaraffe!"
(*Zusammenbrechend*):
„Ein scharfer Pfeil!
Aus meiner eignen Waffe!"

Porphyrion (*umschließt Basil mit den Armen und läßt ihn auf die Ottomane nieder*):
„Allmächtiger! Welch ein Schauer packt dich an!"

Guendolin (*nähertretend*):
„Ich hab' dir doch nicht etwa weh getan!? –
Schon Tausende, denen die Welt den Humor verdorben
sind jählings an Humorlosigkeit gestorben."
(*Vorsichtig die Armbrust weglegend*):
„Die Armbrust lass' ich dir. – Auf meinen Reisen
bringt solch ein Teufelswerkzeug mir kein Glück.
Den Stein der Weisen geb' ich dir nicht zurück."
(*Den Stein an die Stirnseite seiner Kappe heftend*):
„An meine Kappe heft' ich den Stein der Weisen.
Die Beine springen, die Schellen klingen,
hell funkelt der Stein.
Nun wird auch mein Singen
unsterblichen Ruhm erringen!
Ich werde geliebt und vergöttert sein."

Achter Auftritt

Basil:

„Ist er hinaus? – Mein Augenlicht erlosch."

Porphyrion:

„Willst du nicht schließlich noch den Zauber lösen
der herrisch mich in deine Mauern bannt?"

Basil:

„In welchem Alter wurden wir vertraut?"

Porphyrion:

„In keinem Alter! Siebenjährige Jungen
befühlten wir uns in der Klosterschule
die Wunden, die des Lehrers Nute schlug."

Basil:

„Trug dir dein Leben Glücks genug dafür?"

Porphyrion:

„Unendlich schlimmer schien es einst dem Knaben!"

Basil:

„Der Sterbende kann auf die Menschheit nur
mit Wehmut, nur mit mitleidsvollem Lächeln
zurückschau'n.
Bis zur letzten Stunde wird
der Mensch nicht müd, vor Feinden sich zu fürchten,
die nur sein eignes Hirn ihm vorgetäuscht.

und was er fürchten müßte, lernt er nie."

Porphyrion:
„Dein Herz droht still zu stehen! Willst du dich nicht
mit Gott im Himmel noch versöhnen, eh´
dein naher Tod die Rückkehr dir versperrt?
Bannst du die Geister, die mich hier umzingeln,
dann lall' nur noch das kleine Wort: Revoco!
Sofort sprech' ich dich aller Sünden frei."

Basil:
„Wer Gott ist, wissen wir. Und weil wir's wissen,
verschließen wir's in uns. Wer Aug' in Auge
ihm sah, verrät es nicht dem eignen Kinde,
wen er gesehen. Was nützt es denn dem Kind, wenn es
ihn nicht auf eigene Kosten findet!
Wer von ihm spricht, der tut's vom Hörensagen und
glaubt an ihn, weil er ihn nicht erkannt."

Porphyrion (*angstvoll*)**:**
„O du allmächtiger
Himmel, wie helf' ich mir aus diesem Sündenhaus!
Da hockt bis weit hinaus
ein niederträchtiger Kobold vor jeder Tür.
Speit Feuer, speit Flammen,
schauerlich anzuseh'n,
schlägt mir im Handumdrehn
meine Knochen zusammen!"
(*Zu Basil*)**:**
„Du pfeifst gemütlich auf dem letzten Loch.
Hilf mir! Befreie mich! Rette mich doch!"

Basil:
„Halte dich an den Weltenlenker,
der liebend über dem Geringsten wacht....“

Porphyrion:
„Du scheinst mir auch einer jener gewaltigen Denker,
die nie im Leben einen Gedanken erdacht!“

Basil:
„Ist in dein Krug dort noch ein Tropfen Wein?“

Porphyrion (*zwei Becher füllend*):
„Wein ist noch da! Für mich ist auch noch drinnen!“
(*Hält ihm zögernd den Becher hin*):
„Läßt du mich deinen Geistern dann entrinnen?“

Basil (*nach dem Becher langend*):
„Ich tu‘ es, um im Tod allein zu sein.
Öffnet, ihr Riegel,
öffnet die schweren Flügel!
Öffnet das hohe Tor!“
(*Zu Porphyrion*):
„Jetzt bist du frei. Geh‘ jetzt, wohin es sei. –
Was zauderst du? – Und ich – und ich – bin frei....“
(*Er fällt tot hinter die Ottomane*)

Porphyrion (*der, den gefüllten Becher in der Hand
Basils letzten Worten wie gebannt zugehört hat*):
„Zu spät bring‘ ich dir deinen letzten Trunk. –
Soll nun der Wein, durch diese winzige Spanne
gehindert, sich mit dir noch zu verschmelzen,

verschüttet sein? Mit eklem Staub sich mischen? –
Ich trink ihn selbst!" (*Er setzt den Becher an*) –
„Weh nur! die Ordensregel
verbietet angesichts der heiligen Nähe
des Todes den berauschenden Genuß."
(*Schaudernd*):

„Ich trink ihn nicht! – – Du aber starbst als Ketzer!
Dein Los ist die Verdammnis! Deine Sünden
schrei'n nach Bestrafung bis zum Jüngsten Tag!

Ich trink ihn doch!" (*Er leert den Becher*)
„Jetzt scheint's mir fast ein Trost,
daß du zur Hölle fährst, sonst wär der Wein,
zum Abschied dir kredenzt, verschüttet worden."
(*Er stellt den Becher beiseite*)
„Der Stein der Weisen ging dir schnöd verloren.
Dir ward dafür das Siegel Salomonis,
der Weisheit Anfang und der Weisheit Ende,
unlösbar auf den bleichen Mund gepreßt."
(*Aufschreiend*):
„Hilf Gott, dort springt ein Kobold aus der Wand!"
(*Rasch ab*)
(*Leonhard ist aus der vordersten Kulisse getreten.*)

Leonhard:

„Da liegt der Zauberer!" (*Auflachend*): „Ob ich ihn
verlache,
er tobt nicht mehr! Läßt sich die Nase kitzeln
und niest nicht mehr! Jetzt bin ich Herr im Schloß! –
Der Schrein, der seine Schätze barg, steht offen!"
(*Er durchsucht den Schrein*)
„Wo blieb der Stein der Weisen? – Trug der Junker,

trug ihn die Dirne, trug der Narr ihn fort? –
Der eitle Narr?" (*Lachend*)**:** „Der ist sich selbst genug! –
Der Junker will der Welt als Herr gebieten:
   Er stahl den Stein! – Die Dirne, die den Herrn
der Welt beherrschen wird, jagt ihn ihm ab,
und geht's ihr schlecht, verpfändet sie den Stein
für ein Paar Strümpfe einem Trödelkrämer." –
(*Er sieht sich freudestrahlend um.*)
„Mauern und Zinnen und Wälder und Auen,
lichtübergossen ist alles zu schauen.
Gold und Kleinodien und Länder sind mein!
Hätt' ich, von Mühsal und Ketten zerschunden,
je nur im Traum es als möglich empfunden,
Freiheit, durch dich so beseligt zu sein. –
Jetzt such' ich, mich der Freiheit recht zu freuen,
ein Eh' weib mir! Schon hör' ich Kinder schreien
Großkinder schreien! – Himmelsakrament,
jetzt hat der ganze Geisterspuk ein End'!"

   (*Vorhang*)